CABALLOS DE FUERZA/
HORSEPOWER

JETS/JETS

por/by Carrie A. Braulick

Consultora de Lectura/Reading Consultant:
Barbara J. Fox
Especialista en Lectura/Reading Specialist
Universidad del Estado de Carolina del Norte/
North Carolina State University

Capstone
press

Mankato, Minnesota

Blazers is published by Capstone Press,
151 Good Counsel Drive, P.O. Box 669, Mankato, Minnesota 56002.
www.capstonepress.com

Library of Congress Cataloging-in-Publication Data
Braulick, Carrie A., 1975–
   [Jets. Spanish & English]
   Jets/por Carrie A. Braulick = Jets/by Carrie A. Braulick.
   p. cm.—(Blazers—caballos de fuerza = Blazers—horsepower)
   Includes index.
   Summary: "Simple text and photographs describe jets, their design,
and uses—in both English and Spanish"—Provided by publisher.
   ISBN-13: 978-0-7368-7732-9 (hardcover)
   ISBN-10: 0-7368-7732-0 (hardcover)
   1. Jet planes—Juvenile literature. I. Title.
TL547.B73818 2007
629.133'349—dc22   2006026114

Editorial Credits
Sarah L. Schuette, editor; Jason Knudson, set designer;
   Thomas Emery, book designer; Jo Miller, photo researcher;
   Scott Thoms, photo editor; Strictly Spanish, translation services;
   Saferock USA, LLC, production services

Photo Credits
AirShows America, 5
Check Six/George Hall, 22–23
Corbis/George Hall, cover; Philip Wallick, 28–29
DVIC/TSGT Michael Haggerty, 13 (top)
Getty Images Inc./AFP/Lousia Gouliamaki, 26; Boeing, 17; Joe McNally,
   25; Mladen Antonov, 27
Glenn Grossman, 6, 7 (both), 8, 9
NASA Dryden Flight Research Center, 13 (bottom)
Ted Carlson/Fotodynamics, 12, 21 (both)
U.S. Air Force/Master Sgt. Thomas Meneguin, 18; Staff Sgt. James
   Wilkinson, 19
U.S. Navy/PHAA Nathan Laird, 11; PH2 Ryan J. Courtade, 20; PH3
   Barbara Snider, 15; PH3 Kristopher Wilson, 14

**Blazers thanks Raymond L. Puffer, PhD, Historian at Edwards AFB, for his
assistance with this book.**

1 2 3 4 5 6 12 11 10 09 08 07

TABLE OF CONTENTS

TABLA DE CONTENIDOS

WHAT A SHOW!

A team of jets climbs into the air. Their engines whine. The crowd gasps as the Patriots begin the show.

¡QUÉ ESPECTÁCULO!

Un equipo de jets se eleva por los aires. Los motores rugen. El público se asombra cuando los Patriots inician el espectáculo.

PATRIOTS
PATRIOTS
PATRIOTS
Fry's ELECTRONICS
N139RH
AIRSHOWSAMERICA.COM

Suddenly, the jets zoom in different directions. They roll sideways, forming loops in the sky. Flying back together, they make a pattern.

Repentinamente, los jets toman diferentes rumbos a gran velocidad. Giran hacia los lados, formando rizos en el cielo. Volando juntos de nuevo, forman un patrón.

Seconds later, the jets glide down
to the ground. The crowd rushes to get
autographs from their favorite pilots.
What a show!

Unos segundos después, los jets
planean hasta llegar a tierra firme.
El público se acerca de inmediato a
sus pilotos favoritos para pedir sus
autógrafos. ¡Qué espectáculo!

BLAZER FACT

The maximum speed of a Patriot jet is 560 miles (900 kilometers) per hour.

DATO BLAZER

La máxima velocidad de un jet Patriot es 560 millas (900 kilómetros) por hora.

POINTED AND POWERFUL

Jet planes have powerful engines that burn a mixture of air and fuel. Exhaust rushes out of the engines, pushing the planes forward.

PUNTIAGUDOS Y POTENTES

Los jets tienen potentes motores que queman una mezcla de aire y combustible. Los motores expulsan los gases que se generan con la combustión, y eso impulsa al avión.

Pointed noses and swept-back tails
help jets slice through the air. Tails help
keep planes steady.

Narices puntiagudas y colas hacia
atrás ayudan a los jets a desplazarse
en el aire. La cola mantiene estable
al avión.

BLAZER FACT

Jets without tails are just as easy to control as jets with tails.

DATO BLAZER

Los jets sin cola se controlan con la misma facilidad que los jets con cola.

F/A-18 Hornet/
F/A-18 Hornet

Sometimes flying fast isn't quite fast enough. An afterburner creates an added burst of speed. To use the afterburner, pilots press a button in the cockpit.

A veces volar a alta velocidad no es suficiente. Una cámara de postcombustión le da más velocidad al avión. Para usar la cámara de postcombustión, los pilotos presionan un botón en la cabina.

Afterburners need to be inspected often to make sure they are working correctly.

Las cámaras de postcombustión necesitan ser inspeccionadas con frecuencia para asegurar su correcto funcionamiento.

JETS OF ALL KINDS

Jets have many jobs. A jet's design depends on its uses. Huge passenger jets carry people. The famous Boeing 737 holds about 190 passengers.

JETS DE TODO TIPO

Los jets sirven para muchas cosas. El diseño de un jet depende de su uso. Los enormes jets de pasajeros transportan personas. El famoso Boeing 737 puede transportar aproximadamente 190 pasajeros.

F-15 Strike Eagle/
F-15 Strike Eagle

Fast, powerful U.S. military jets are a
threat to enemies everywhere. The F-15 is
the fastest military jet. It flies 1,875 miles
(3,000 kilometers) per hour.

Los rápidos y potentes jets militares de
Estados Unidos son una amenaza para los
enemigos dondequiera que se encuentren.
El F-15 es el jet militar más rápido. Vuela a
1,875 millas (3,000 kilómetros) por hora.

BLAZER FACT

The huge C-5 Galaxy jet can carry equipment weighing 270,000 pounds (122,500 kilograms).

DATO BLAZER

El enorme jet C-5 Galaxy puede transportar equipo de 270,000 libras (122,500 kilogramos) de peso.

C-5 Galaxy/
C-5 Galaxy

AIR MOBILITY COMMAND

Blue Angels/
Blue Angels

Aerobatic jets perform amazing
stunts in the sky. The jets fly so close
together, they look like they are touching.
Trails of smoke mark the jets' path.

Los jets aerobáticos realizan
asombrosas acrobacias en el cielo.
Los jets vuelan tan cerca uno de otro
que parece que se tocan. Estelas de
humo marcan la trayectoria del jet.

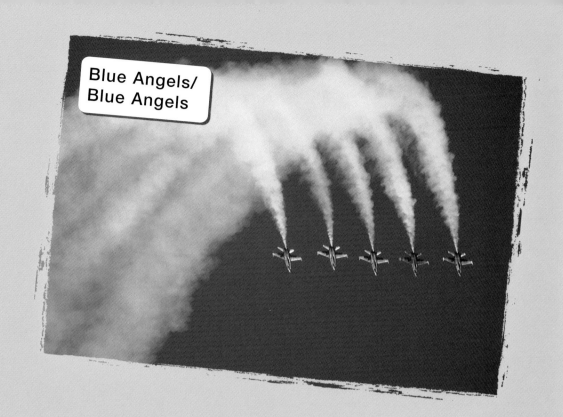

Blue Angels/
Blue Angels

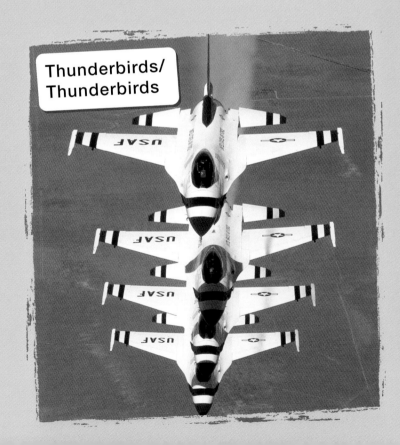

Thunderbirds/
Thunderbirds

Jet Parts/Partes de un Jet

Cockpit/Cabina

Engine/Motor

Wing/Ala

Tail/Cola

SE-DNM

SAS

EYES TO THE SKY!

Jets are all about speed, and pilots want to prove it. Fast loops, dives, and rolls thrill crowds at air shows.

¡OJOS EN EL CIELO!

Los jets son veloces, y a los pilotos les gusta demostrarlo. Rizos, vuelos en picada y toneles a toda velocidad asombran al público en los espectáculos aéreos.

Flying in formation, carrying
passengers, or racing to battle,
it doesn't matter what job jets have.
Their roaring engines overhead will
draw your eyes to the sky!

No importa cuál sea el trabajo de
un jet: volar en formación, transportar
pasajeros o dirigirse a la batalla a toda
velocidad. ¡El rugido de sus motores en
el cielo atraerá tu mirada!

FLYING HIGH! /
¡VOLANDO ALTO!

GLOSSARY

afterburner—the part of a jet engine that burns extra fuel to create more power

cockpit—the area in the front of a jet where the pilot sits; pilots control a jet's movement with controls in the cockpit.

engine—a machine where fuel burns to provide power to a jet

exhaust—the heated gases that leave a jet engine

INTERNET SITES

FactHound offers a safe, fun way to find Internet sites related to this book. All of the sites on FactHound have been researched by our staff.

Here's how:

1. Visit *www.facthound.com*

2. Choose your grade level.

3. Type in this book ID **0736877320** for age-appropriate sites. You may also browse subjects by clicking on letters, or by clicking on pictures and words.

4. Click on the **Fetch It** button.

FactHound will fetch the best sites for you!

GLOSARIO

la cabina—el área al frente de un avión donde se sienta el piloto; los pilotos controlan el movimiento de un jet con controles en la cabina.

la cámara de postcombustión—la parte del motor de un jet que quema combustible adicional para generar más potencia

los gases de combustión—los gases calientes que salen del motor de un jet

el motor—una máquina en la que se quema combustible para dar potencia a un jet

SITIOS DE INTERNET

FactHound proporciona una manera divertida y segura de encontrar sitios de Internet relacionados con este libro. Nuestro personal ha investigado todos los sitios de FactHound. Es posible que los sitios no estén en español.

Se hace así:

1. Visita *www.facthound.com*

2. Elige tu grado escolar.

3. Introduce este código especial **0736877320** para ver sitios apropiados según tu edad, o usa una palabra relacionada con este libro para hacer una búsqueda general.

4. Haz clic en el botón **Fetch It.**

¡FactHound buscará los mejores sitios para ti!

INDEX

ÍNDICE